AF381254

FSC
www.fsc.org
MIXTE
Papier issu
de sources
responsables
Paper from
responsible sources
FSC® C105338

Pierre-Jean ANDRÉ

LES FABLES DE L'ÉLYSÉE

Avec les aventures
des François

Du même auteur

Révolution 2068, Claret-Production, 2004

Élections 2012, Mode d'emploi, Arjo Production, 2011

Charlie Hebdo, Martyrs ou kamikazes ?, ONEC Conseil, 2015

Prologue

Il était une fois,

Dans la Gaule romaine,

Deux puissants seigneurs,

Nommés respectivement

François de Jarnac et François de Tulle,

Qui sévissaient cyniquement

Sur le peuple de France

Pendant les années troubles

De la fin du XXe

Et du début du XXIe siècle.

François de Jarnac

Était au jeu d'échecs

Ce que François de Tulle

Était au jeu de dames.

L'un fin renard rusé, calculateur,

L'autre d'un naturel séducteur.

Ils décidèrent l'un après l'autre,

De hisser ce vieux pays, la France,

Au premier rang des déserts intellectuels,

Pour redonner au peuple

Le statut flamboyant d'esclave.

Avec les années,
Ils s'affairèrent aussi
À réduire l'activité économique,
En steppe industrielle,
Pour sauver l'ouvrier
De l'enfer du bien-être.

Enfin, ils assurèrent le développement
D'une caste gloutonne
Labellisée « sécurité de l'emploi »
Rapidement incontrôlable
Sous l'emprise d'une épidémie
De burn-out
Contractée lors de la grande
Vaccination nationale aux 35 heures.
Rien de bien grave,
Selon Martine, professeur de Lille et
Spécialiste du temps libre.
Il s'agit des effets secondaires reconnus
du RTT/Rejet du Temps de Travail.

À la fin de leur règne,
Nos deux rois trébucheront
Sur leurs tapis de mensonges,

Entraînant avec eux

L'illusion et l'espoir

D'une idéologie salvatrice

Pour un monde meilleur

Et plus juste.

Premier épisode

Chapitre I : Le premier mandat

Mais revenons sur notre doyen.

François Ier de Jarnac dit le Monarque,

Est un vieux briscard de la République.

Avant de devenir roi,

Il siégeait sur les bancs

De l'assemblée des dissipés,

Profitant d'une France attardée, cloisonnée,

Coupée des réalités,

Peuplée de veaux, de moutons

Et de lapins de garenne,

Au fin fond de l'Europe.

Maître François avait compris

Les failles des partis pris.

En créant sa propre enseigne,

Il triait sur le volet

Les esclaves, les soumis,

Les fidèles à sa cause.

Tous inférieurs à ses yeux,

Il jactait d'une ville à l'autre

Au rythme régulier et sans fin

D'idées populistes.

Le lavage de cerveau plagié
Dans l'histoire de la charité chrétienne,
Enrobé de Laïcité,
Inspiré d'obédiences maçonniques,
S'enracine peu à peu
Dans cette nouvelle gauche molle
Des années soixante-dix.
Il arrive même à convaincre
Les plus rouges des idées
En leur promettant de siéger
En marge d'une assemblée.

Mais lorsque Maître François de Jarnac
Accède aux manettes du pouvoir,
Il est le premier de La lignée des Énigmatiques.
Il navigue à vue dans les eaux troubles
Des idées politiques imparfaites.
Il va de bâbord à tribord
Au sein du palais royal élyséen.
Une grappe de jeunes vassaux
L'entourent en protecteurs,
Ou plutôt de petits fusibles
Jetables à la première surchauffe.

Sa garde rapprochée

Aux couleurs de métaux précieux

Sévit dans la somptueuse caravelle

Nommée Bercy et livrée pour la cause.

Ce glouton paquebot,

Aux soixante-dix mille galériens,

Est toutefois équipé

D'une gourmande pompe à fric,

Rivalisant avec le mammouth

De la rue de Grenelle,

Mais dont le torchon

Aux mille feuilles fiscales

Donne des aigreurs au portefeuille.

Ce Titanic échoué sur des terres fertiles

A l'avantage de ne jamais sombrer.

Avec la création

D'un Impôt Sans Filet,

Un impôt sur les biens,

Un impôt sans limite,

Le monarque assoit ainsi

Une phobie et soigne

Une amertume de jeunesse.

Entouré de pirates inspecteurs en faction
Et de brigands contrôleurs en embuscade,
Ils nichent tous, tels des rats,
Sur les bords de la Seine.
Une fois le poisson repéré
Avec des mots fléchés
En guise d'appâts
Enrobés d'insinuation,
Ils lancent un filet de questions
Indolore à l'oreille
Mais ô combien fructueux.
Les inspecteurs étaient à l'or
Ce que les laborieux
Étaient à l'heure.

Pendant des mois, les contrôleurs
Jouent au chat
Alors que les souris chutent
Une à une
Dans les filets du redressement.
Certaines échappent au piège
Grâce aux conseils éclairés
D'un exode salvateur
Et d'une rumeur cataclysmique.

De l'autre côté de la scène,
En guise de canne
Et pour endormir les nécessiteux,
Maître François de Jarnac
A fait mijoter
Un menu spécial « gueux »
Datant de la Révolution française,
Nommé « égalité ».

« Il faut donner à l'État
Ce qui appartient aux riches
Et rendre aux pauvres
Leur dignité ».

Ce tour de magie
Va servir d'ingrédient
À tous les plats sans saveur.
Il relève systématiquement,
Mais dans l'imaginaire uniquement,
Le goût amer et âpre
D'une politique étatique
Où seul le roi assouvit
Son appétit sans limite.
Reste aux gueux, aux sans-dents,

Les restos des cœurs

Pour boire jusqu'à la lie

Une soupe fade,

Coupée de vérité.

Le monarque, toujours plus haut,

Toujours plus en apesanteur,

Assure le train de vie de sa cour,

En spoliant par surprise, avec panache,

Ses complices de toujours.

Il décide de nationaliser

Leurs années de labeur,

Au nom d'une justice sociale

Pour le peu embrumée.

Il peut ainsi s'adonner en secret

À la construction de monuments

Dont une poignée d'avertis

En connaissait le sens.

Il puise sa démesure

Dans l'histoire égyptienne

Mais aussi dans les livres maçonniques

Des Hauts Grades.

Une traduction de la force des dieux

Dont il pense être issu.

Mais étrangement,

Cet alignement

De constructions de verre

Par définition éphémère,

Sera à la première guerre,

Au premier tremblement de terre,

Englouti dans l'oubli,

Avalé dans l'ombre

De cet homme imparfait.

Les pyramides de l'esprit

Ne rivaliseront jamais

Avec les pyramides d'Égypte

Humbles de sobriétés,

Construites dans

Une éternité de silence.

En privant les plus nantis

De leur monnaie de singe,

Il veut subtilement rendre aux gueux affamés,

Aux miséreux assoiffés de vengeance

Et aux rongés d'impuissance,

Des pépites d'or idéologiques.

Mais la réalité de la rue
Rattrape les nécessiteux
Qui salivent toujours.

Chemin faisant,
Le maigre butin du vieux renard
Finit par contrarier sa cour
Qui décide un jour
De le renverser en cohabitation.

François le monarque,
Privé de ses bouffons,
S'accroche sur la branche
De son palais rosé,
Tel un perroquet en cage
Au gré des tempêtes médiatiques
Et des contradicteurs de l'Élysée.

Fin malin,
Il utilise sa seule et dernière arme redoutable,
Une diarrhée de logorrhée.

Il décrète alors,
Contre toute attente,

De se pacser
Avec le seigneur de la finance.
Privée d'une portion de fromage,
Sa cour, affamée de notoriété
Et rose de colère,
Se contente de miettes au nom
De la décentralisation seigneuriale.
Ainsi vingt-deux somptueux palais
Seront construits à la hâte
Pour loger ces pauvres nouveaux
S-eigneurs D-e F-rance,
Plus gloutons les uns que les autres
Dans cette belle Gaule encore hébétée.

Puis, caressé à l'international
Par des supra-monarques bling bling,
François de Jarnac
Ravale sa vieille salive gauchiste en suspens
Et, d'un coup de maître,
Retourne sa parure royale
En privatisant la poule aux œufs d'or,
Estampillée du drapeau tricolore.

Contraint par une Europe
Braquée sur sa tempe,
Il rend aux banques
Des fientes de liquides souillés,
Et aux besogneux
Leurs maigres capitaux en action.

Les soi-disant
Saints, dits Cas,
Pseudo-représentants
Des gueux de France,
Brandissant dans les rues
Le drapeau de l'impuissance,
Aveugles par nature,
Insolants et revanchards,
Les claque-faim,
À l'affût du moindre droit acquis,
Ne réalisent la supercherie
Que trop tardivement.

Chapitre 2 : Sept ans après

Avec les années,
Le renard semble repu
De ses buffets aux Phrases cyniques,
Mais aussi épuisé de suffisance.
Cependant, la soif de pouvoir
Secoue le vieil homme
Qui, du haut de sa chaire royale
Et de son blason - la force tranquille -
Signé du publiciste branché,
Aux montres de diamants,
Réussit un coup de génie,
Pour un septennat de plus
Au nom de l'unité nationale.

Il peut à nouveau
Remettre le couvert
Et tondre les misérables
Jusqu'à la racine du mal
Pour une illusoire cause,
La France réunie.

Au palais on s'affaire,

Le roi jouit avec malice

Des jeux de chaises.

Il salive avec délectation

Les coups tordus qu'il organise.

Il sous-entend sans promettre,

Il jubile avec un air grave.

Un monstre tout-puissant

Aux canines de vampire,

Avec un goût amer

D'une fin de règne.

C'est ainsi que la dernière année,

Le vieux monarque,

Malade, jauni, tremblant,

Continue son profond sillon.

Il survole

Les affaires courantes,

Mais, avant de quitter le costume,

Grave son masque indélébile

Pour la postérité

En construisant à nouveau

Une bibliothèque pharaonique

Aux Quatre livres ouverts
Enfin, sa nouvelle idée fixe,
Son unique étincelle,
Une fille cachée,
Fruit d'une passion extraconjugale.
Il entretiendra,
Secret d'État oblige,
Un amour mystérieux
Avec la mère.

Une façon de rajouter à son personnage
Un degré supplémentaire à l'intrigue.

Avec plus de mille correspondances enflammées
Soigneusement conservées,
Publiées vingt ans après sa disparition,
Il confirmera l'adage du monarque cynique :
« Faites ce que je dis
Mais ne faites pas ce que je fais. »
À ces mots, Maître François
Achève ainsi son mandat.
Toujours maître de sa vie,
Mais esclave de son corps
Comme pour lui rappeler

Que la malice intellectuelle
N'enlève en rien
Ce que nous sommes tous :
Des esclaves sans exception,
Enfermés dans la toile
Que l'on a soigneusement tissée.

À la fin de son règne,
Tel un loup dans la forêt,
Ensablé au fin fond des Landes,
Loin de l'Élysée,
Il décide de se laisser
Emporter par le mal qui le ronge
Depuis son ascension au pouvoir,
Refusant d'ouvrir les yeux
Devant un peuple en colère.

Après quatorze ans de règne,
Quatorze ans d'errance
Et d'égarement.

Le Dieu François rentre ainsi dans l'histoire
Au milieu d'un immense désert
Aride d'idées humanistes novatrices.

Il sera le Saint-François de gauche
Jamais canonisé
Sous des couleurs sans saveur
D'un mirage socialiste

Deuxième épisode

François de Tulle dit le Gourmand
Est le deuxième d'une fratrie socialiste
Ou plutôt d'une gauche caviar.
Il est le fruit parfait de son maître
Cloné en apparence
En robot de salon.
Il succède au petit Nicolas,
Homme moins rapide que son ombre,
Tué par ses dérapages incontrôlés
De mots durs et de phrases brutes
Tirés en rafale
Sur les territoires des gueux,
Ou plutôt les zones de non-droit.
Il chutera de son trône
Comme le rouleau d'une vague,
Entraînant à sa droite
Le camp gaulliste de 58 Et trainant derrière lui
Des affaires dites « Big million »,
Double jeu comptable
D'une vielle tradition romaine
De cette nouvelle diaspora politique.

Chapitre 1 : L'homme

Revenons à notre baron de Tulle.
Ce n'est que
Bien des années plus tard
Que François dit le Gourmand,
Aux aguets d'une idéologie opportuniste,
S'approprie la parole
Du vieux et regretté renard
Le monarque.

Il rêve d'emboîter,
Le pas de son mentor,
Persuadé que son destin élyséen
Fera de lui un roi accompli,
Mais aussi
Qu'il pourra tondre gratis,
Ces gueux de franchouillards.

Élevé au biberon made in ISF,
Ce cher François dit le Gourmand
Voyage entre Mougins
Et les palais de la République.

Puis à l'âge de déraison,

Calendrier sénatorial oblige,

Il décide lentement

De se mettre au travail.

Superstitieux,

Il se sépare de son objet fétiche,

La fidèle et envahissante potiche

Royale, disait-elle,

Pour se lancer à corps perdu

Dans la course au trophée tricolore

Républicain.

Mais François le Gourmand

A la prétention de devenir

Un Président normal.

Ce n'est pas chose facile,

Au pays des trois plats :

De la dinde farcie,

De la daube

Et de l'oie grasse.

Il décide alors

De transformer son allure

De petit-bourgeois enrobé

En jeune candidat

vif et alerte.

Pendant des semaines,
Il vit au régime
D'avilissement et de privations
À l'image de la population.

Heureusement, il se ragaillardit
Par des séances physiques,
Tel un jeune ado
Avec son va-tout du moment,
Encore un peu verte.
Attiré par sa fibre journalistique,
Il voit surtout en elle
Un carnet d'adresses,
Un puits de connaissances,
Un formidable tremplin
Indispensable à la course au pouvoir,
Dopage reconnu en politique
Mais sous le joug d'une omerta.

C'est au printemps 2012,
Après des ondes d'efforts,
Que les plus de quatre-vingts ans
Ne peuvent plus connaître,
Que le jeune fringant,

Svelte et coquin
Accède aux manettes
Du grand et beau Titanic.
Il distance d'un oreiller
Et au pied du lit
Le troisième homme
Du monde,
Le contrôleur des États
Mondialement connu,
Son concurrent de toujours,
Définitivement menotté
À la suite
D'une mauvaise passe
Américaine d'un soir.

Chapitre 2 : Moi Président

Ainsi François le Gourmand devient
Le premier président normal
De la Cinquième République.

Pendant toute sa campagne,
Il répétait aux gueux de France :
« Moi, président,
J'inventerai l'eau tiède
Pour servir des idées réchauffées
Et éviter une salmonellose d'espoirs

Moi, président normal,
Je créerai le statut des apatrides,
Pour que les miséreux Gaulois
Soient enfin riches d'identité.

Moi président de gauche,
J'inventerai un ministère,
Celui de l'écologie alimentaire
Pour redorer l'image
De la mère porteuse
Des enfants de Président.

Moi, président socialiste,
Je lancerai le tourisme de gauche :
Un tourisme de masse,
Un tourisme sans visa,
Un tourisme décalé
Un tourisme à Calais.

Moi, président normal,
Je changerai les règles économiques
De la micro en pensant par la macro,
C'est la Macron qui domine.
Avec l'agrégé de philo,
Les autobus des pauvres
Remplaceront la SNCF des planqués.
Et il rajoute :
Moi, François, président normal,
J'inverserai la courbe du fromage
En rompant nos relations
Avec ceux de l'ancien mur de la honte,
Dégraissant ainsi définitivement
Nos producteurs de lait.

Moi, président normal,
Je renforcerai le permis à points.

Le délit de fuite sera roi,
Mais le vin interdit.
Moi, président gourmand,
J'inventerai l'impôt libérateur
Je porterai le poids de la dépense
Pour vous soulager du poids de l'épargne.

Moi, président de gauche,
Je créerai le ministère du Jumelage,
Un ministère sans concession.
Entre la France et la Suisse,
Mon ministre de l'Économie
Balance avec fermeté
Et, devant une assemblée
De fidèles en admiration,
Il rendra au pays
Des pépites de mensonges
Aussi grosses que dévastatrices.

Moi, président normal,
Je fluidifierai l'emploi
Avec la retraite à 60 ans
Les vieux pourront enfin
Observer les jeunes,

À la recherche d'un emploi.
Moi, président normal,
J'inventerai le pacte de responsabilité,
Une pochette surprise
Vide de sens
Mais pleine de bonne volonté.
Enfin moi, président, homme normal,
Je développerai le mariage universel,
Un mariage pour tous,
Des mariages enfin "gais". »

C'est ainsi que
L'ennemi de la finance
Débuta son règne
Sous les applaudissements
D'une pluie battante,
Lavant ainsi les promesses
D'une campagne présidentielle.

On change de costume
On devient enfin roi,
Le roi des indécis.
Adoubé par un peuple attendri,
Se remémorant le mirage

D'un certain François dit le Monarque,

Notre nouveau roi triomphera

Le soir de l'élection.

Chapitre 3 : Le pays des deux mondes

Au palais

Chassez le conquérant,
Il revient au galop !
C'est seulement quelques mois
Après le début de son règne
Que notre roi décida
De rompre avec la sobriété.

Il s'offrit en cachette
Un majestueux Galée
Très élancé, très féminin,
La troisième folie de sa vie.
Exposée régulièrement
Aux feux des projecteurs
Sa cote d'amour aiguise
L'appétit du prédateur.
Après la jarre royale
Et la cruche de fer,
Le joli vase pâle va piquer
Le cœur de son prince
Tout émoustillé par

Autant d'attention.

Au grand dam de son peuple

La duchesse jalouse,

Élyséenne par intérim,

Arracha les toiles du palais,

S'acharna à répandre le suc,

Du prince trompeur qui lui échappait.

Mais cette Reine en sursis

Finit par céder

En tatouant dans son dos

Un brûlot à l'encre noire.

Péniblement,

François le Conquérant se releva,

Décapité de l'image

Qu'il donnait en apparence.

Tête haute et fort de son caprice,

Il repartit en croisade la nuit

Avec casque et scooter en guise de char,

Mitraillé par les flashs

Des soldats de l'image

Pour sceller la prise de l'autre dame,

Celle qui discrètement,

Risquait de s'effacer.

Il put enfin, aux yeux du royaume,

Inscrire sa première victoire,

Sa seule véritable victoire,

Victoire la plus intime,

La plus emblématique aussi,

Et inviter la belle

Dans une loge du palais,

Marquetée d'un flamboyant passé

Inspirant la force des lumières,

Le tout aux frais du peuple médusé,

Comme son mentor de Jarnac.

À l'Assemblée

Mais le train de vie du roi et de sa cour
Obligea les sans-dents de la Gaule
À ouvrir les yeux,
Jusque-là embués d'espérance.

Dépassé par son ignorance économique,
Acculé par des créanciers sans visage
François, le Président du royaume,
Inventa d'un coup de grâce
La nouvelle dîme de Bercy :
L'impôt sur l'impôt.
Une double peine pour besogneux
Rendant à l'esclave son statut.

« Il faut tondre et retondre,
Niveler les herbes grasses
Et faire éclore un nouveau monde »
À ces mots, les plus musclés
S'échappèrent de l'étau
Serré à 75 %,
Laissant la place
Au monde des sans ambition, des sans-papiers

Des doux rêveurs,
Un monde brut de brutes,
Sans saveur, pauvre en couleurs, où
Seul un spectacle
De tableaux noirs « Soulages »,
Sombre effet de mode aveyronnais
Au succès dépassant les frontières
Et dont paradoxalement,
Le richissime auteur
Avait choisi Sète
Comme presqu'île d'attache,
Éclatante de lumière,
Porte ouverte vers la mer,
Vers des rêves de liberté,
Tournant le dos
À l'auteur sans fioriture
Des copains d'abord.

Dans la rue

Le peuple tousse,
Il crache ses dernières glaires.
« On vous soigne messieurs,
On vous soigne gratis »
Répètent inlassablement
Les généreux du roi
Pour calmer les plus insoumis.
Cette armée de fidèles,
Estropiée d'impuissance
Se bat avec des piètres mots,
Rendant aux colonnes
De la langue française
Des vides, des traumatismes
D'incompréhension.

Mais le roi des Gaules
Sans couronne s'entête,
Persuadé d'être dans le vrai.

Pendant ce temps,
Des troupes
S'infiltrent au cœur
De la liberté d'expression,

Poumon du vivre ensemble

Dernier rempart encore inviolé.

À la première caricature,

Un pilier journalistique vacille

Comme un tremblement de terre.

La secousse ébranle le monde.

Un pansement éphémère international

Défilera dans les rues

De notre capitale de beauté.

Des mots, des phrases, des lettres

Rédigés dans la belle langue de Molière

Apaiseront momentanément

L'inquiétude du peuple.

Mais deux autres secousses viendront enlever

Aux misérables de France

La dernière richesse

Encore jalousement protégée :

La liberté.

Du saut de mai 1968

Où il est interdit d'interdire

On passe au tout interdit.

S'amuser, s'instruire, se déplacer

Deviennent les gros mots

Des coutumes d'un peuple effrayé,
Sous le choc.
C'est un voile dense de promesses
Diront certains.
C'est le voile de l'illusion
Pour d'autres.
Une façon d'habiller
Ceux pleins de désillusion
Cherchant une canne,
Un sens, dans un océan
D'incertitude et d'approximation.

Cette invitation au départ,
Ce voyage du bout des mondes,
Accessible au bout des doigts
De nos portables enflammés,
Provoquent en une fraction de seconde
L'engouement des plus fragiles.
Leur passé est plein d'histoires,
Mais sans histoire à retenir.
On tire un trait, on se rhabille, renaît,
On devient quelqu'un,
On existe enfin aux yeux
De ceux qui nous ignorent.

Cet aller simple sans lendemain,
Cette vie intense mais courte
Attirent dans le précipice de l'horreur
Une génération abandonnée,
Torturée par trop d'indifférence,
Et par ricochet touchent
Ceux qui se croyaient protégés.

L'État est en panique,
L'État se braque,
Le roi a perdu les commandes.
On va à l'essentiel :
Sauver ce qui peut encore l'être,
Éviter une contagion,
Celle d'un peuple remonté
D'un traumatisme,
D'une plaie ouverte au monde.

La révolution est toujours en mémoire,
Certes la peine de mort est levée,
Mais le couperet peut tomber.

Chapitre 4 : Le règne

Le Catalan

François le Gourmand, élu
En orbite autour de la gauche,
Regarde avec délectation
Son parcours.
Plus il tend les bras,
Plus il s'éloigne du peuple.
Ce puissant tourbillon,
Cette chaîne d'union dévastatrice,
Où le serment d'hypocrite
D'entre les loups
Vous fait devenir roi,
Se transforment en guerre.
Les injures remplacent les mots doux,
Le « moi je » l'intérêt général.

Alors, pour calmer les esprits
Et éviter la noyade,
François, d'un coup de patte,
Remplace l'eau par le feu.
La Catalogne s'en mêle.

Au secours du roi malade,
Elle offre à la nation un nouvel arbitre.
Il est prêt à encaisser,
Manuel : nerveux, acariâtre,
Il ne lâche rien
À cheval sur des principes
Il tient les rênes du 49.3.
Balloté plus de six fois,
Il perd parfois
Son vif sang-froid
Mais dictera sa loi.

Les frondeurs

Une nouvelle gauche se braque :
« Des frondeurs », Messieurs !
Des flamants roses,
Pédant d'artifice,
Ceux qui, hier, mangeaient
Dans la même gamelle
Les fruits juteux de leurs unions.
De l'aval à l'(H) amon(t),
Le front coule à contresens
Sur l'étang des idées gelées
D'un autre temps.
Du temps où la Gaule était monde,
Du temps où le timbre était roi,
Et le pouce encore doigt.

Mais depuis que le petit pouce est roi
Et les portables lois,
Nos grands princes des palais,
Enfermés dans l'arène des nations
Et de leurs certitudes passées,
Grognent devant les cornes
De la force et de la réussite

Des pays devenus, en un instant,
Des voisins de palier.

Mais François l'inventeur du
Maquignonnage politique,
Le puissant mécanicien,
Navigant dans la Cinquième République,
Bouillonne de plaisir en
Renouvelant et en multipliant
Le nombre de ministres
En apesanteur.
Son cheptel augmente.
Il joue comme un enfant aux soldats
Pendant que, au dehors,
De vrais résistants encaissent.

L'apôtre

Puis avec son nouveau bouclier,
Son Second de Premier Ministre,
François de Tulle,
L'air de rien,
Redonne confiance.
Il se transforme en apôtre.
D'église en cathédrale,
Il traverse la France.
Des invalides aux Invalides,
Le discours rassure.
Il est là, sous la lumière
De ceux qui l'ont perdue.
Tamisée elle l'est,
Tamisée elle restera.

Alors que le peuple tremble
D'indécision politique,

Le règne de François
Sera désormais
Flanqué d'insécurité.
François le Gourmand

N'est pas avare de surprises.

Une nouvelle idée éclôt,

Comblant le vide de l'inaction.

Certes il n'invente pas l'État

Mais l'état d'urgence.

Une formule magique,

Un pansement, un cataplasme

Maintenant les gueux dans la peur

Et rendant à l'homme de Tulle,

Panda politique de la Cinquième,

Le titre de sauveur de l'enfer.

Les nuits debout

Mais la France est malade
Les insomnies des « printemps »,
Se transforment alors en « nuits debout »
Où se mélange un formidable élan
De renouveau et de déjà-vu.
Les Français vomissent des mots
Sur les places de nos villes.
Ils refondent le monde.
Ils sont le centre du monde.
C'est une renaissance, ils en sont sûrs.
Avec comme idée : la révolution.
Une nouveauté de 1789.
La rencontre entre deux mondes
Avec, cette fois-ci,
Un joint de cannabis qui fait tache
Et l'alcool qui fait mouche.
Invités, les chiens parlent
Pendant que les maîtres aboient.
Désolation et incompréhension,
Une guerre civile pour les uns,
Un chaos pour les autres.
Les gueux de France touchent le fond,

Les nomades fuient,

Les hôtels se vident,

Les commerces ferment,

Mais les charges augmentent

Comme pour occuper

L'esprit de ceux qui subissent.

Les syndicats

À cela se rajoutent les grèves

Un métier, monsieur !

Un métier de rêve.

Des grévistes en grève ?

Jamais, ils travaillent !

C'est leur force.

Ils défilent et se défilent

Pour toujours faire croire

Qu'incontournables ils sont.

Parfois même,

Ils arrachent à leurs victimes

Les chemises de ceux qui les font vivre,

Comme un trophée de guerre

Une parure qui fait titre.

L'image a un prix :

Celui du mépris.

Accusés, ils le sont,

Condamnés, ils le seront,

Mais ils continuent de chanter

Encore et encore

Comme des pies

Sur des fragments de bijoux.

Chapitre 5 : L'écologie

Une plante verte
Éclôt dans la cour
Du palais de l'Élysée.
Flattée par notre suzerain,
Toujours sensible
À la gent féminine,
L'heureuse élue
S'émoustille, se campe d'illusions
Mais s'avachit rapidement,
Désherbée par tant d'indifférence.

Cette nouvelle ministre bio
Glousse sur des coquilles vides.
Elle couve une portée
De sombres mesures Jaune d'œuf,
Infligeant aux laborieux bâtisseurs
Des détails indigestes,
De lois obsessionnelles
Dignes de manchots cérébraux de bureau.
Sa posture excessive
En baronne inflexible,
Ô combien démodée

La conduira sur une branche cassante
Laissant le souvenir d'une voix
Stridente mais sans écho.

Remplacée rapidement par sa jumelle
De la famille des rampants à la puissance,
La nouvelle tortue se noiera
Par sa moitié
Dans des affaires de mœurs
Internes au parti,
Partageant plus d'idées
Animales que biologiques,
Et rappelant qu'entre zoo et écologie,
Il n'y a qu'un pas.
Pendant ce temps
Devant tant d'indifférence
La nature se venge,
Le trou d'ozone augmente,
Les tempêtes se touchent,
La mer rejoint la terre,
Les éléments s'entrechoquent.

Faute de conciliation nationale,
Il faut attendre la naissance

Du grand festival :

Celui de la Cop 21,

Le festival international

Aux marches de plus en plus rouges,

Rouges de confusion et d'artifices.

Une pilule sans lendemain

Où le placebo du politique

Va masquer le fléau.

On parle, on vote, on s'agite.

Un théâtre mondial,

Une dramaturgie pathétique

Avec, en toile de fond,

Un semblant de conciliation mondiale.

Le curseur se déplace,

On prime le nouveau scénario

Tourné dans la nouvelle prison,

Celle de la mauvaise conscience,

Celle du terrien condamné

Qui, enchaîné sur la Terre,

S'étouffe de liberté.

Les animaux, la nature meurent

Pendant que les terriens jouissent.

On touche le fond,

Mais toujours avec joie.
Alors de renaissance on parlera :
De taxes carbone, d'impôts verts
Une formule magique
Rythmée, au gré des saisons
Et des reportages fictions.

Aride d'idées novatrices
Mais soulevé par le vent
Du changement qui décoiffe,
On prépare le nouveau-né.
Sur L'épaisse liasse
D'un couffin sur-mesure.
C'est la joie, on chante en chœur
Le même refrain :
Spolions pour être juste,
Spolions pour une noble cause
L'impôt de la liberté,
L'impôt d'un air de déjà-vu.

François le Gourmand
Salive ce moment
Avec cet ami de toujours,
L'antique « Fébus »,

Collectionneur de titres
De batteries de cuisine,
De niches fiscales estampillées :
« Objets précieux ».
On pleure des larmes de crocodile
Devant cet étrange
Nourrisson cannibale.

La grâce

L'année suivante, François, le roi,

Le faiseur de marionnettes,

L'apôtre d'hier,

Tombe la soutane.

Il s'enferme dans

Un labyrinthe d'indécision

Sous les feux d'une décision.

Il hésite :

Libérer la victime

Ou sanctifier un bourreau.

C'est l'affaire la plus « Sauvage ».

Elle le met face à lui-même,

Il doit tomber le masque.

Tangente il y a

Tangente il prendra.

Une libération pavée de privation,

Elle restera en prison.

Le dernier acte vient de sonner

La goutte vient de déborder la presse

Le peuple soulève la tête.

Le monarque s'enlise,

C'est la fin d'un règne.

Alors, on cherche une béquille

Un animal de substitution.

Un espoir se détache

De l'essaim socialiste.

Caché, il est là,

Personne ne l'a vu

Personne ne le voit

Tout le monde le connaît.

Emmanuel, il sera

Emmanuel, il restera.

Chapitre 6 : Emmanuel

Au château, on s'agite.
L'enfant roi vient de naître.
Sa mère spirituelle,
Sa maîtresse de toujours,
Sa femme dans la vie
Le boit, le façonne, le sculpte.

C'est dans la crèche de Bercy
Que notre coquelet prend ses marques.
Très vite, cet éternel ado
Soudé de certitude
Mais à la crête incertaine
Aiguise son appétit.

Au palais, des bruits courent.
Le jeune loup
Aux yeux clairs emballe.
Sa gueule de beau gosse,
Cet éternel étudiant
Devenu, en un instant,
Ministre de Bercy inquiète.
Son esprit vif dérange.
Il brûle des phrases

Avec des mots cash.

Qui est cet homme,

Ce doux rêveur insolent

Qui rentre sans frapper

Dans le temple sacré

Des rois des seigneurs

Et qui bouscule les codes ?

Il est là, on le regarde, on l'admire

Le nouvel Apollon, arrivé

D'une mer agitée,

Se distingue par sa proue.

Un monstre va accoster

Dans le port des candidats

Sur le ponton VIP.

Il lance des amarres de rêve

Sur le quai des idées

Et jette une ancre de talent

Dans une eau de poissons affamés.

La presse se bouscule,

Emmanuel est amoureux.

Amoureux de la France,

Amoureux des Français.

Depuis deux ans, il caresse,

Prononce des mots doux,

Effleure avec sa bouche

Des sujets sans tabou

Éveille les sens de façon répétée

Sous des lueurs d'insinuation.

Il laisse entrevoir un paradis,

Une nudité politique,

Une sensualité vierge de toute souillure.

Oui, Emmanuel l'enfant brut

Ne demande qu'à être poli,

Secoué, diront certains !

Il provoque en refusant les primaires,

Préfère allonger les préliminaires

Pour un orgasme à la hauteur,

Un orgasme libérateur,

Un orgasme social sans faille.

Ce nouveau prince

Venu du ciel de la finance

Pousse à la découverte

Un peuple coincé, frustré.

Non, ce n'est pas un tsunami !!

Mais bien un « tsuna-lit »,

Qui recouvre d'une écume de drap
Cinquante ans de routine politique.

Fin stratège, il transpire.
À ses mots il rajoute des gestes.
Membres tendus,
Il convainc par l'image,
Puissant signe fécond.
Avec sa voix de castrat,
Il simule l'orgasme.
Il pénètre enfin un mirage,
Celui de Narcisse, l'éphémère.

Les Français tremblent d'impatience
Ils traversent la France
Et se jettent dans ses bras.
L'hystérie se répand,
Les salles sont pleines d'illusions
Sa mère, son épouse, sa compagne
L'avalent du regard au premier rang
Comme pour filtrer
Ses imperfections de jeunesse,
D'un œil bienveillant,
Parant ainsi

Toutes attaques extérieures,
Toutes ondes malsaines.

Oui, il faut protéger le prince,
Ce gourou du renouveau,
Celui par lequel la France va s'épanouir.
Il câline sans relâche
S'évertue par des phrases,
Des citations, des références
À donner les clefs
D'un paradis imaginaire
D'une notion jusque-là étrangère :
Pendant que Renaud embrasse la police,
La droite embrasse la gauche,
Le labeur croise le rêveur.
Réforme, réformez, réformons,
Des notes de musiques modernes
Pavées d'immenses trous noirs
Un labyrinthe d'incertitude
Bordé d'innocence
Et flanqué d'inconscience.

Mais Emmanuel
Aurait les dents longues.

Le départ du coq de Bercy
Inquiète le pressenti catalan.
Les vieux mammouths se moquent.
« Aucune chance pour cet imberbe politique !
Ce télé-évangéliste vide de programme
N'existe que par une stature christique. »
Mais son carnet d'adresses, chargé
Des plus fortunées de France,
En fait un futur locataire solvable
Au palais de la marquise de Pompadour.

De Paris à Lyon, les salles se remplissent.
On cherche, on creuse la faille.
L'énigmatique Emmanuel excite.
Comment arrêter ce blindé
Aux canons de la chance ?
Ses relations, ses travers, sa vie,
Tout passe au crible.
Le jeune loup finit par s'essouffler.
Dans le désert algérien,
Assoiffé de stratégie,
Il prononce des mots
Qui traversent la mer
Et le cœur des anciens.

Un premier spasme
Le fragilise de quelques points.

Mais le candidat rebondit,
Pilonne ses semblables,
Tire en rafales en nuance.
De nouveaux soldats
Montent aux fronts.
Rien n'y fait,
Il avance, toujours déterminé.
À deux mois du premier tour,
Ils sont tous à terre et atterrés.

Seule la reine des planches,
La saltimbanque nationale
Lui tient tête d'une courte tête.
Mais le loup n'en a que faire.
L'éphémère rose bleue
Aux monstrueuses épines
Est de saison passagère.
Dopée par des produits
Aux effets ravageurs
Qu'elle importe dans ses pores,
Elle perdra au printemps

La sève qui l'anime
Et rejoindra à l'automne
Les feuilles mortes
Balayées de mode.

Le menu du jour J

Le jour J est arrivé.
En ce dimanche de mai,
Tout le peuple est convié
Au menu de l'Élysée.
Dans l'isoloir feutré :
Deux principales entrées.

Une soupe nouvelle
Aux herbes socialistes
Accompagnée de croûtons d'innocents
Et trempée de fromage de tous bords
Ou une salade d'emplois fictifs
À la sauce de Bruxelles,
Marinée dans un lit patriote,
Saupoudrée d'un tapis de miettes
Du dernier nageur gaulliste.

Sans surprise,
Les convives sont ravis.
Les sondeurs avaient vu juste
Dans cette mise en bouche.
On se prépare au repas

Pour le meilleur et pour le pire.

Mais c'est au mois d'avril,

Le mois du printemps,

Le mois de la floraison,

Qu'ont eu lieu les premières criées,

Celles des foires nocturnes.

Le peuple arpente

Les meetings des villes.

Pour régaler les convives,

On s'attarde.

Le buffet sera sur la table,

La table des écoles,

Le bureau des mairies.

On cherche, on trie, on goûte,

On flaire, on salive, on écoute.

Moment de grâce

Au firmament des libertés :

Celles des électeurs

À la quête d'un prisonnier.

Mais les plats

Sont sans saveur,

On est loin des trois étoiles.

Les cucurbitacées sont trop mûres
Et les fruits encore verts.
Dans ce jardin d'idées
Passéistes pour certaines,
Utopistes pour d'autres,
Dans la froideur
Des non-dits, des coups bas,
On trouve sur l'étalage politique
De la barbaque
Aux hormones des partis,
Sélectionnée par hasard,
Déconseillée des spécialistes,
Des nutritionnistes politiques.

Il n'y a plus de canards, d'oies,
De poulets, de perdreaux,
De plats qui faisaient hier
La grandeur du pays,
L'exception gauloise.
Supprimée, détruite
Par une fièvre d'un soir,
Éradiquée, torpillée, coulée,
Dirons les hackers sur le net
Comme pour faire taire

Ceux qui foisonnent d'idées
Pour définitivement oublier
Ce que fut la France,
La France des Lumières,
La France révolutionnaire,
La France des Trente Glorieuses.

La grandeur d'une civilisation
Attachée à sa terre
Transpirant de coutumes
Vient de disparaître.
La France laisse la place
À « des » France
Autant de France que d'habitants
Autant d'habitants que de candidats.
Un nouveau parti
Vient de naître :
L'interindividuel social.

Et après ?

La chance lui sourit.

Le nouveau monarque,

Orné d'un duvet de louveteau,

Monte enfin les marches du palais

Recouvertes d'un tapis d'espérance

Marquant le blanc

Des muguets du mois de mai.

Manu vient de gagner.

Le prince a survécu,

La greffe vient de prendre.

François de Navarre, fils spirituel d'Henri IV

Confirme les derniers réglages.

La machine est fin prête.

La fusion de l'orange et du rose

Ravive les couleurs

D'un quinquennat morose.

Les clefs du château,

De la valise militaire aussi

Sont à disposition.

L'échange a lieu

Sur le strapontin du palais

Le prince actionne le siège éjectable.

François dit le Faignant

S'envole pour gravir

Le dernier échelon,

Être citoyen d'exception.

Le seul titre en exercice

Arraché in extremis

Qui s'éteindra dans l'Histoire

Explosé par un tourbillon

De vide, d'hésitation et de confusion.

Pendant ce temps,

Seize mille innocents

Regardent le vainqueur,

Espérant être

L'un des soldats de circonstance

Au combat de l'assemblée des lois

De 24 à 72 ans,

Ils ont été choisis.

Du jeune plein d'espérance

À la gazelle en déambulateur.

Ils tomberont, pour moitié,

Dans les tranchées du camp d'en face.

C'est ainsi qu'une nouvelle histoire
Maintiendra l'illusion
D'une démocratie postiche
Où tant de victimes cachées
Sombreront en silence
Dans l'Hexagone,
Agonisant d'anonymat,
Achevées par l'indifférence
D'un État insolent.

Une poignée de combattants
Désarmés de principes,
De profondes valeurs,
De simple écoute
Livrera sans merci
La bataille des ordonnances
Pour défendre le prince
Dans l'arène de l'assemblée
Fermée de vérité,
Bouclée d'idéologisme
Mais ouverte
Au démagogisme ambiant.

*

Le 14 mai 2017

Table

Prologue : p. 5

Premier épisode : p. 9

Chapitre I : Le premier mandat... p. 11

Chapitre 2 : Sept ans après... p. 21

Deuxième épisode : p. 27

Chapitre 1 : L'homme : p. 31

Chapitre 2 : Moi Président : p. 35

Chapitre 3 : Le pays des deux mondes : p. 41

À l'Assemblée : p. 45

Dans la rue : p. 47

Chapitre 4 : Le règne : p. 51

Les frondeurs : p. 53

L'apôtre : p. 55

Les nuits debout : p. 57

Les syndicats : p. 59

Chapitre 5 : L'écologie : p. 61

La grâce : p. 67

Chapitre 6 : Emmanuel : p. 69

Le menu du jour J : p. 77

Et après ? : p. 81

En politique,
Les bancs de sable
Se déplacent
Au gré des idées,
Recouvrant avec eux
Le meilleur et le pire.
Tout est à reconstruire.
Ils étouffent la mémoire
Des maillons les plus fragiles
Mais aussi les plus précieux.

Reste l'Histoire,
L'ADN indélébile
Tatoué sur des feuilles.

Vérité d'une époque ou
Ressenti d'un moment ?

*

© 2017, Pierre-Jean André

Éditeur :

Books on Demand GmbH,
12/14 rond-point des Champs Élysées,
75008 Paris, France

Impression :

Books on Demand GmbH, Norderstedt, Allemagne

ISBN : 9782322083756

Dépôt légal : septembre 2017

www.bod.fr